UNE IDÉE POSITIVE PAR JOUR

TEXTES RASSEMBLÉS
PAR JANINE CASAVECCHIE

1

Le vrai bonheur ne dépend d'aucun être, d'aucun objet extérieur. Il ne dépend que de nous.

Le Dalaï Lama, Gyatso Tenzin dit
(chef suprême du bouddhisme tibétain ; né en 1935)

2

La sagesse, c'est d'avoir des rêves suffisamment grands pour ne pas les perdre de vue quand on les poursuit.

Oscar Wilde
(écrivain et auteur dramatique anglais ; 1854-1900)

3

Si tu donnes un poisson à un homme, il mangera un jour. Si tu lui apprends à pêcher, il mangera toujours.

Lao-Tseu
(philosophe et maître taoïste chinois ; v. 570-v. 490 av. J.-C.)

4

J'ai décidé d'être heureux
parce que c'est bon pour la santé.

Voltaire
(écrivain et philosophe français ; 1694-1778)

5

En vérité le chemin importe peu,
la volonté d'arriver suffit à tout.

Albert Camus
(écrivain français ; 1913-1960)

6

Chaque fois
qu'un homme sourit,
il ajoute quelque chose
à la durée de sa vie.

Laurence Sterne
(écrivain irlandais ; 1713-1768)

7

La nature nous
a donné une langue
et deux oreilles,
afin que nous
écoutions le double
de ce que nous disons.

Zénon de Citium
(philosophe grec, fondateur
du stoïcisme ; 335-264 av. J.-C.)

8

Le bonheur
est né de l'altruisme
et le malheur de l'égoïsme.

Platon
(philosophe grec ; 428-348 av. J.-C.)

9

Négliger les petites choses sous prétexte qu'on voudrait en faire des grandes, c'est l'excuse des lâches.

Alexandra David-Neel
(écrivaine et exploratrice française ; 1868-1969)

10

L'espace d'une vie
est le même, qu'on le passe
en chantant ou en pleurant.

Proverbe japonais

11

Ne demeure pas dans le passé, ne rêve pas du futur, concentre ton esprit sur le moment présent.

Bouddha, Siddhârta Gautama dit
(philosophe fondateur du bouddhisme ;
v. 536-v. 480 av. J.-C.)

12

Ils ne savaient pas que c'était impossible, alors ils l'ont fait.

Mark Twain
(romancier américain ; 1835-1910)

13

La pensée du néant des choses engendre la compassion. La compassion abolit l'espace entre soi et les autres. L'unité de soi et des autres réalise le bien d'autrui.

Milarepa
(poète et moine bouddhiste tibétain ; 1040-1123)

14

En chacun de nous existe un autre être que nous ne connaissons pas. Il nous parle à travers le rêve et nous fait savoir qu'il nous voit bien différent de ce que nous croyons être.

Carl Gustav Jung
(psychiatre et psychologue suisse ; 1875-1961)

15

N'ouvre la bouche que si
tu es sûr que ce que tu vas dire
est plus beau que le silence.

Proverbe arabe

16

C'est une belle harmonie quand le dire et le faire vont ensemble.

Montaigne
(écrivain français ; 1533-1592)

17

Le présent n'est pas un passé en puissance, il est le moment du choix et de l'action.

Simone de Beauvoir
(écrivaine française ; 1908-1986)

18

Il n'y a que deux conduites avec la vie : ou on la rêve ou on l'accomplit.

René Char
(poète français ; 1907-1988)

19

La vie passe, rapide caravane !
Arrête ta monture et cherche
à être heureux.

Omar Khayyâm
(savant et poète persan : 1050-1123)

20

Celui qui parle trop
et raffine sur tout
ne connaîtra jamais
la paix.

Lao-Tseu
(philosophe et maître taoïste
chinois ; v. 570-v. 490 av. J.-C.)

21

Tant de mains pour transformer ce monde, et si peu de regards pour le contempler.

Julien Gracq
(écrivain français ; né en 1910)

22

Vivre en pleine conscience, ralentir son pas et goûter chaque seconde et chaque respiration, cela suffit.

Thich Nhat Hanh
(maître zen vietnamien : né en 1926)

23

Hâte-toi de bien vivre
et songe que chaque jour
est à lui seul une vie.

Sénèque
(écrivain et philosophe romain ; 4 av. J.-C.-65)

24

Un mot prononcé avec bienveillance engendre la confiance. Une pensée exprimée avec bienveillance engendre la profondeur. Un bienfait accordé avec bienveillance engendre l'amour.

Lao-Tseu
(philosophe et maître taoïste chinois ;
v. 570-v. 490 av. J.-C.)

25

L'essentiel n'est pas ce que l'on fait de l'homme, mais ce qu'il fait de lui-même à partir de ce qu'on lui a donné.

Jean-Paul Sartre
(écrivain et philosophe français ; 1905-1980)

26

La sagesse est de voir
le nouveau dans l'ordinaire,
en s'accommodant
du monde tel qu'il est.

Santoka
(moine et poète japonais ; 1882-1940)

27

L'impossible nous
ne l'atteignons pas, mais
il nous sert de lanterne.

René Char
(poète français : 1907-1988)

28

En cherchant à hâter les choses, on manque le but. Et la poursuite de petits avantages fait avorter les grandes entreprises.

Confucius
(philosophe chinois ; 555-479 av. J.-C.)

29

Le regret qu'ont les hommes du mauvais emploi du temps qu'ils ont déjà vécu ne les conduit pas toujours à faire de celui qui reste à vivre un meilleur usage.

La Bruyère
(moraliste français : 1645-1696)

30

Qui triomphe
de lui-même possède
la force.

Lao-Tseu
(philosophe et maître taoïste chinois ;
v. 570-v. 490 av. J.-C.)

31

Notre pouvoir ne réside pas dans notre capacité à refaire le monde, mais dans notre habileté à nous recréer nous-même.

Gandhi
(homme d'État indien ; 1869-1948)

32

Il faut deux ans
pour apprendre à parler
et toute une vie pour
apprendre à se taire.

Proverbe chinois

33

Les idées ne sont pas faites pour être pensées, mais pour être vécues.

André Malraux
(écrivain français ; 1901-1976)

34

Ce ne sont pas les heures qui sont précieuses, ce sont les minutes.

George Bernard Shaw
(écrivain et auteur dramatique irlandais ; 1856-1950)

35

Ce n'est pas parce que les choses sont difficiles que nous n'osons pas les faire, c'est parce que nous n'osons pas les faire qu'elles sont difficiles.

Sénèque
(écrivain et philosophe romain : 4 av. J.-C.-65)

36

On peut allumer des dizaines de bougies à partir d'une seule sans en abréger la vie. On ne diminue pas le bonheur en le partageant.

Bouddha, Siddhârta Gautama dit
(philosophe fondateur du bouddhisme ;
v. 536-v. 480 av. J.-C.)

37

Si un problème a une solution,
alors il est inutile de s'en inquiéter ;
s'il n'en a pas, s'inquiéter
n'y changera rien.

Proverbe tibétain

38

Il ne faut pas de tout pour faire un monde, il faut du bonheur et rien d'autre.

Paul Éluard
(poète français : 1895-1952)

39

N'essayez pas de devenir un homme qui a du succès. Essayez de devenir un homme qui a de la valeur.

Albert Einstein
(physicien allemand ; 1879-1955)

40

Faute de pouvoir voir clair,
nous voulons, à tout le moins,
voir clairement les obscurités.

Sigmund Freud
(neurologue et psychiatre autrichien ; 1856-1939)

41

Connaître une chose et en vivre
une autre est une erreur, un contresens.
À partir de là une tension apparaît.
Elle est due au conflit de la pensée
et du sentiment.

Swâmi Prâjnanpad
(maître spirituel indien ; 1891-1974)

42

Il faut que la volonté imagine trop pour réaliser assez.

Gaston Bachelard
(philosophe français ; 1884-1962)

43

C'est l'endroit où l'eau est profonde qu'elle est la plus calme.

Shakespeare
(poète et dramaturge anglais ; 1564-1616)

44

Lorsque l'homme aura
coupé le dernier arbre, pollué
la dernière goutte d'eau,
tué le dernier animal et pêché
le dernier poisson, alors
il se rendra compte que
l'argent n'est pas comestible.

Proverbe indien

45

Aimer, ce n'est point nous regarder l'un l'autre, mais regarder ensemble dans la même direction.

Antoine de Saint-Exupéry
(écrivain et aviateur français ; 1900-1944)

46

La réalité est comme
un visage qui se reflète sur
la lame d'un couteau ;
ses caractéristiques dépendent
de l'angle sous lequel
nous l'envisageons.

Maître Hsing Yun
(moine bouddhiste chinois ; né en 1927)

47

Nul ne peut atteindre l'aube qu'en passant par le chemin de la nuit.

Khalil Gibran
(poète et peintre libanais ; 1883-1931)

48

Lâche prise. Fais le vide. Deviens silencieux, clair et calme.

Sagesse zen

49

Se connaître soi-même, c'est s'oublier. S'oublier soi-même, c'est s'ouvrir à toutes choses.

Eihei Dôgen
(maître zen et philosophe japonais ; 1200-1253)

50

Il y a des fleurs partout pour qui veut bien les voir.

Henri Matisse
(peintre français ; 1869-1954)

51

Un homme habile élève des remparts. Une femme habile détruit des remparts.

Confucius
(philosophe chinois ; 555-479 av. J.-C.)

52

Le difficile, c'est ce qui peut être fait tout de suite, l'impossible, c'est ce qui prend un peu plus de temps.

George Santayana
(écrivain et philosophe américain ; 1863-1952)

53

Si nous attendons des conditions extérieures qu'elles nous apportent le contentement, nous attendons en vain.

Ayya Khema
(nonne bouddhiste ; 1923-1997)

54

La seule chose qui ne changera jamais, c'est que tout est toujours en train de changer.

Le Yi-King
(Livre des Mutations, classique chinois écrit au VIIIe siècle av. J.-C.)

55

Pour ce qui est de l'avenir,
il ne s'agit pas de le prévoir,
mais de le rendre possible.

Antoine de Saint-Exupéry
(écrivain et aviateur français ; 1900-1944)

56

Seuls les gens que nous connaissons
et qui nous créent des problèmes
nous fournissent vraiment l'occasion
de pratiquer la tolérance et la patience.
Nos ennemis, ou plus largement
tous ceux qui nous veulent du mal
méritent le plus grand respect
et doivent être considérés comme
nos professeurs les plus précieux.

Le Dalaï Lama, Gyatso Tenzin dit
(chef suprême du bouddhisme tibétain ; né en 1935)

57

Le seul péché est de ne pas
se risquer pour vivre son désir.

Françoise Dolto
(pédiatre et psychanalyste française ; 1908-1988)

58

La bêtise a deux manières d'être : elle se tait ou elle parle. La bêtise muette est supportable.

Honoré de Balzac
(écrivain français ; 1799-1850)

59

Le mensonge donne
des fleurs mais pas de fruits.

Proverbe africain

60

Exige beaucoup de toi-même et attend peu des autres. Beaucoup d'ennuis te seront épargnés.

Confucius
(philosophe chinois ; 555-479 av. J.-C.)

61

Les vérités qu'on aime
le moins à apprendre
sont celles que l'on a le plus
d'intérêt à savoir.

Proverbe chinois

62

Ne demande pas
que ce qui arrive comme
tu le désires ; mais désire
que les choses arrivent
comme elles arrivent,
et tu seras heureux.

Épictète
(philosophe grec stoïcien ; 50-130)

63

Il n'y a pas de honte à préférer le bonheur.

Albert Camus
(écrivain français : 1913-1960)

64

Qui donne ne doit jamais s'en souvenir.
Qui reçoit ne doit jamais oublier.

Proverbe hébreu

65

Il faut toujours se réserver le droit de rire le lendemain de ses idées de la veille.

Napoléon Bonaparte
(empereur français ; 1769-1821)

66

Lâchez prise.
Apprenez à suivre
le flot des changements
qui surviennent.
Devenez plus flexible
et détendez-vous.

Bhante Henepola Gunaratana
(maître bouddhiste ; né en 1927)

67

Les grandes
souffrances
qui peuvent délabrer
à jamais une vie
affective ne
se rencontrent
que chez ceux qui
connaissent la passion.

Boris Cyrulnik
(psychiatre et éthologue français ;
né en 1937)

68

Nous devons apprendre à vivre ensemble comme des frères, sinon nous allons mourir tous ensemble comme des idiots.

Martin Luther King
(pasteur américain, prix Nobel de la paix ; 1929-1968)

69

La solitude est à l'esprit
ce que la diète est au corps,
mortelle lorsqu'elle est trop
longue, quoique nécessaire.

Vauvenargues
(moraliste français ; 1715-1747)

70

Vivez comme si vous deviez mourir demain, apprenez comme si vous deviez vivre toujours.

Bouddha, Siddhârta Gautama dit (philosophe fondateur du bouddhisme ; v. 536-v. 480 av. J.-C.)

71

C'est s'aimer bien peu que de haïr
quelqu'un ; mais c'est haïr
tout le monde que de n'aimer que soi.

Proverbe chinois

72

Le but de la vie
est le développement personnel.
Parvenir à une parfaite
réalisation de sa nature, c'est
pour cela que nous sommes
tous ici.

Oscar Wilde
(écrivain et auteur dramatique anglais ; 1854-1900)

73

Dès l'instant où vous suivez quelqu'un, vous cessez de suivre la vérité.

Jiddu Krishnamurti
(écrivain et philosophe indien ; 1895-1986)

74

Seul l'arbre qui a subi les assauts
du vent est vraiment vigoureux,
car c'est dans cette lutte que ses racines,
mises à l'épreuve, se fortifient.

Sénèque
(écrivain et philosophe romain ; 4 av. J.-C.-65)

75

Si vous avez confiance
en vous-mêmes,
vous inspirerez confiance
aux autres.

Goethe
(écrivain allemand : 1749-1832)

76

Il n'est pas nécessaire de rejeter toute activité, de rechercher le silence. Il suffit de faire le vide en soi en respectant l'harmonie à l'extérieur. De cette façon, vous serez en paix au milieu de l'activité frénétique du monde.

Yan-Wu
(maître bouddhiste ; 1063-1135)

77

La discorde est le plus
grand mal du genre humain,
et la tolérance
est le seul remède.

Voltaire
(écrivain et philosophe français ; 1694-1778)

78

La vérité n'existe que dans l'expérience.

Gao Xingjian
(écrivain français de langue chinoise ; né en 1940)

79

La perfection, ce n'est pas de faire quelque chose de grand et de beau, mais de faire ce que l'on fait avec grandeur et beauté.

Swâmi Prâjnanpad
(maître spirituel indien : 1891-1974)

80

Notre vie n'est qu'un rêve.
Les gens souffrent
à cause de leur esprit rempli
d'illusions, de folies
et de peurs ; mais tout cela
n'est qu'images dans
un miroir, sans réelle
existence.

Taisen Deshimaru
(maître bouddhiste zen ; 1914-1982)

81

Jette le chanceux
dans la rivière, il en ressortira
avec un poisson dans la bouche.

Proverbe arabe

82

L'avenir, tu n'as pas à le prévoir, tu as à le permettre.

Antoine de Saint-Exupéry
(écrivain et aviateur français ; 1900-1944)

83

La paresse est utile à cause de l'effort qu'elle demande pour être surmontée.

Tristan Bernard
(romancier et auteur dramatique français ; 1866-1947)

84

Se tromper est humain, persister dans son erreur est diabolique.

Saint Augustin
(philosophe et théologien ; 354-430)

85

Ne suivez jamais les traces
du malheur, il pourrait bien
se retourner et faire volte-face.

Proverbe japonais

86

La vraie générosité envers l'avenir consiste à tout donner au présent.

Albert Camus
(écrivain français ; 1913-1960)

87

La véritable force est celle que nous exerçons à chaque instant sur nos pensées, nos sentiments, nos actes.

Morihei Ueshiba
(fondateur de l'Aïkido ; 1883-1969)

88

Si on ne voulait qu'être heureux, cela serait bientôt fait. Mais on veut être plus heureux que les autres et cela est presque toujours difficile parce que nous croyons les autres plus heureux qu'ils ne sont.

Montesquieu
(écrivain et philosophe français ; 1689-1755)

89

La chance est un hasard,
le bonheur est une vocation.

Alexandru Vlahuta
(écrivain roumain ; 1858-1919)

90

Être attaché à son propre bonheur est un obstacle sur la voie véritable et parfaite. Chérir autrui est la source de toute qualité admirable connue.

Lama Tsong Khapa
(maître bouddhiste tibétain ; 1357-1419)

91

On peut en savoir plus sur quelqu'un en une heure de jeu qu'en une année de conversation.

Platon
(philosophe grec ; 428-348 av. J.-C.)

92

On peut être intelligent toute sa vie et stupide un instant.

Proverbe chinois

93

On ne reçoit pas la sagesse. Il faut la découvrir soi-même, après un trajet que personne ne peut faire pour nous, ne peut nous épargner.

Marcel Proust
(écrivain français ; 1871-1922)

94

La vie de l'homme dépend de sa volonté ; sans volonté, elle serait abandonnée au hasard.

Confucius
(philosophe chinois ; 555-479 av. J.-C.)

95

Sans émotions, il est impossible
de transformer les ténèbres
en lumière et l'apathie en mouvement.

Carl Gustav Jung
(psychiatre et psychologue suisse ; 1875-1961)

96

L'opinion publique n'existe que là où il n'y a pas d'idées.

Oscar Wilde
(écrivain et auteur dramatique anglais ; 1854-1900)

97

Sourire trois fois tous les jours rend inutile tout médicament.

Proverbe chinois

98

La puissance ne consiste pas à frapper fort ou souvent, mais à frapper juste.

Honoré de Balzac
(écrivain français ; 1799-1850)

99

Notre vie à quoi la comparer ?
À la goutte de rosée secouée du bec
de l'oiseau aquatique où se mire
le reflet de la lune.

Eihei Dôgen
(maître zen et philosophe japonais ;
1200-1253)

100

Le pessimisme est d'humeur ; l'optimisme est de volonté.

Alain
(philosophe et essayiste français ; 1868-1951)

101

Qui connaît sa douleur la décime.
Mais qui connaît sa joie la décuple.

Jean Prieur
(romancier français ; né en 1914)

102

Le monde est du côté
de celui qui est debout.

Proverbe arabe

103

Il est bien des choses
qui ne paraissent impossibles
que tant qu'on ne les a pas tentées.

André Gide
(écrivain français ; 1869-1951)

104

L'homme de bien cherche en lui-même, l'homme mesquin cherche chez autrui.

Confucius
(philosophe chinois : 555-479 av. J.-C.)

105

La valeur d'un homme tient dans sa capacité à donner et non dans sa capacité à recevoir.

Albert Einstein
(physicien allemand ; 1879-1955)

106

Il n'y a point de chemin
vers le bonheur, le bonheur,
c'est le chemin.

Lao Tseu
(philosophe et maître taoïste chinois ;
v. 570-v. 490 av. J.-C.)

107

La fatalité triomphe
dès que l'on croit en elle.

Simone de Beauvoir
(écrivaine française ; 1908-1986)

108

Comment vivre sans inconnu devant soi ?

René Char
(poète français ; 1907-1988)

109

L'homme de cœur est celui
qui se fie jusqu'au bout à l'espérance.
Désespérer, c'est lâcheté.

Euripide
(poète tragique grec ; 480-406 av. J.-C.)

110

Dans la vie,
on ne regrette
que ce qu'on n'a pas fait.

Jean Cocteau
(écrivain et poète français ; 1899-1963)

111

Les chefs-d'œuvre
ne sont jamais
que des tentatives heureuses.

George Sand
(romancière française ; 1804-1876)

112

Il est plus intelligent d'allumer
une toute petite lampe
que de te plaindre de l'obscurité.

Lao-Tseu
(philosophe et maître taoïste chinois ;
v. 570-v. 490 av. J.-C.)

113

La tristesse est un mur
élevé entre deux jardins.

Khalil Gibran
(poète et peintre libanais ; 1883-1931)

114

La connaissance conduit à l'unité comme l'ignorance à la division.

Râmakrishna
(mystique hindou ; 1834-1886)

115

Les grands bonheurs
viennent du ciel,
les petits bonheurs
viennent de l'effort.

Proverbe chinois

116

Ce qu'on ne veut pas savoir
de soi-même finit par arriver
de l'extérieur comme un destin.

Carl Gustav Jung
(psychiatre et psychologue suisse ; 1875-1961)

117

Dans l'état du triomphe, on peut goûter une jouissance d'orgueil telle qu'elle donne l'illusion du bonheur. Mais cette surexcitation passagère est loin de la vraie et pure joie qui nous monte au cœur quand nous sommes seuls.

Alexandra David-Neel
(écrivaine et exploratrice française ; 1868-1969)

118

Un enfant n'a jamais
les parents dont il rêve.
Seuls les enfants sans
parents ont des parents
de rêve.

Boris Cyrulnik
(psychiatre et éthologue français ;
né en 1937)

119

Le seul moyen d'obliger les hommes à dire du bien de vous, c'est d'en faire.

Voltaire
(écrivain et philosophe français ; 1694-1778)

120

Si vous voulez que la vie vous sourie, apportez-lui d'abord votre bonne humeur.

Spinoza
(philosophe hollandais ; 1632-1677)

121

Choisissez un travail
que vous aimez et vous
n'aurez pas à travailler
un seul jour de votre vie.

Confucius
(philosophe chinois ; 555-479 av. J.-C.)

122

Vivre est ce qu'il y a
de plus rare au monde.
La plupart des gens
existent. C'est tout.

Oscar Wilde
(écrivain et auteur dramatique anglais ; 1854-1900)

123

J'écoute le chant de l'oiseau non
pour sa voix, mais pour le silence qui suit.

Sagesse zen

124

L'espoir est la plus grande entrave à la vie. En prévoyant demain, aujourd'hui se perd.

Sénèque
(écrivain et philosophe romain : 4 av. J.-C.-65)

125

Il est plus facile de briser le noyau atomique qu'un préjugé.

Albert Einstein
(physicien allemand ; 1879-1955)

126

L'instant est béni.
Tout le reste
est souvenir.

Jim Morrison
(chanteur et poète américain ;
1943-1971)

127

L'homme
de bien se révèle
dans les grandes
occasions ; l'homme
de peu ne s'accomplira
jamais que dans
les petites tâches.

Confucius
(philosophe chinois : 555–479 av. J.-C.)

128

Les optimistes
et les pessimistes ont
un grand défaut
qui leur est commun :
ils ont peur de la vérité.

Tristan Bernard
(romancier et auteur dramatique français ;
1866-1947)

129

Le bonheur, c'est de continuer à désirer ce qu'on possède.

Saint Augustin
(philosophe et théologien : 354-430)

130

Si vous pensez que
tout est parfait dans votre
vie, soit vous êtes
un Bouddha, soit vous êtes
complètement idiot.

Proverbe tibétain

131

Qu'est-ce qu'un homme réalisé ?
C'est un homme qui boit,
qui mange, qui fait l'amour,
et qui est parfaitement satisfait.

Swâmi Prâjnanpad
(maître spirituel indien ; 1891-1974)

132

Si un contemplatif se jette à l'eau, il n'essaiera pas de nager, il essaiera d'abord de comprendre l'eau… et il se noiera.

Henri Michaux
(poète et peintre français : 1899-1984)

133

Être zen, par essence, c'est l'art de savoir lire en soi-même.

Daisetz Teaitaro Suzuki
(maître bouddhiste zen ; 1870-1966)

134

Le désir est le principal moteur dans l'accomplissement du bonheur présent ou à venir.

Le Dalaï Lama, Gyatso Tenzin dit
(chef suprême du bouddhisme tibétain ; né en 1935)

135

Les avares subissent le sort des abeilles : ils travaillent comme s'ils devaient vivre éternellement.

Démocrite
(philosophe grec ; 460-370 av. J.-C.)

136

L'amour est une surprise
qui nous arrache à l'insipide,
l'attachement est un lien
qui se tisse au quotidien.

Boris Cyrulnik
(psychiatre et éthologue français ; né en 1937)

137

Celui qui ne sait pas se fâcher est un sot, mais celui qui ne veut pas se fâcher est un sage.

Proverbe chinois

138

Ne pas se moquer,
ne pas déplorer,
ne pas détester,
mais comprendre.

Spinoza
(philosophe hollandais ; 1632-1677)

139

Nous sommes libérés
par ce que nous acceptons,
mais nous sommes
prisonniers de ce que
nous refusons.

Swâmi Prâjnandad
(maître spirituel indien ; 1891-1974)

140

Comme l'étoile filante,
le mirage, la flamme, l'illusion
magique, la goutte de rosée,
la bulle sur l'eau ; comme
le rêve l'éclair ou le nuage :
considère ainsi toutes choses.

Bouddha , Siddhârta Gautama dit
(philosophe fondateur du bouddhisme ;
v. 536-v. 480 av. J.-C.)

141

La nature nous a fait frivoles pour nous consoler de nos misères.

Voltaire
(écrivain et philosophe français : 1694-1778)

142

Ce n'est pas la lumière
qui meurt au contact
des ténèbres,
ce sont les ténèbres
qui meurent au contact
de la lumière.

Omar Khayyâm
(savant et poète persan ; 1050-1123)

143

Celui qui confesse son ignorance la montre une fois ; celui qui essaie de la cacher la montre plusieurs fois.

Proverbe japonais

144

L'amour ne sait rien
du passé, ni du futur, il est
sans cesse nouveau.

Jiddu Krishnamurti
(écrivain et philosophe indien ; 1895-1986)

145

Accomplis ta tâche,
puis fais un pas en arrière.
C'est le seul chemin
qui conduise à la sérénité.

Lao-Tseu
(philosophe et maître taoïste chinois ;
v. 570-v. 490 av. J.-C.)

146

Le plus grand secret du bonheur, c'est d'être bien avec soi.

Fontenelle
(philosophe français ; 1657-1757)

147

C'est en essayant encore
et encore que le singe apprend
à bondir.

Proverbe africain

148

Nul ne peut avoir
de lien avec son prochain
s'il n'en a d'abord
avec lui-même.

Carl Gustav Jung
(psychiatre et psychologue suisse ;
1875-1961)

149

Nul n'est besoin de faire
de la terre un paradis :
elle en est un.
À nous de nous adapter
pour l'habiter.

Henry Miller
(romancier américain ; 1891-1980)

150

Ne te préoccupe que de l'acte, jamais de ses fruits. N'agis pas en vue du fruit de l'acte ; ne te laisse pas non plus séduire par l'inaction.

La Bhagavad-Gita-Ier
(écrit philosophique indien ;
IIIe siècle av. J.-C.)

151

Les mots que l'on n'a pas dits
sont les fleurs du silence.

Proverbe japonais

152

La joie est en tout ;
il faut savoir l'extraire.

Confucius
(philosophe chinois : 555-479 av. J.-C.)

153

Il faut tenir à une résolution parce qu'elle est bonne, et non parce qu'on l'a prise.

La Rochefoucauld
(écrivain moraliste français ; 1613-1680)

154

L'avantage d'être intelligent, c'est qu'on peut toujours faire l'imbécile, alors que l'inverse est totalement impossible.

Woody Allen
(acteur et cinéaste américain ; né en 1935)

155

Le bonheur ne consiste pas à acquérir ni à jouir, mais à ne rien désirer, car il consiste à être libre.

Épictète
(philosophe grec stoïcien : 50-130)

156

Celui qui en sait beaucoup
sur les autres est peut-être instruit,
mais celui qui se comprend
lui-même est plus intelligent.
Celui qui dirige les autres
est peut-être puissant, mais celui
qui s'est maîtrisé lui-même
a encore plus de pouvoir.

Lao-Tseu
(philosophe et maître taoïste chinois ;
v. 570-v. 490 av. J.-C.)

157

Qui veut faire quelque chose trouve un moyen. Qui ne veut rien faire trouve une excuse.

Proverbe arabe

158

L'opinion est quelque chose d'intermédiaire entre la connaissance et l'ignorance.

Platon
(philosophe grec ; 428-348 av. J.-C.)

159

Les passions sont les vents qui enflent les voiles du navire ; elles le submergent quelquefois, mais sans elles, il ne pourrait voguer.

Voltaire
(écrivain et philosophe français : 1694-1778)

160

Pour bien faire, mille jours
ne sont pas suffisants,
pour faire mal, un jour suffit
amplement.

Proverbe chinois

161

Les paradoxes d'aujourd'hui sont les préjugés de demain.

Marcel Proust
(écrivain français ; 1871-1922)

162

Perdre le sentiment
de soi-même, c'est provoquer
le découragement, le doute
et la haine de soi. Diminuer
le sens négatif de soi
est ce qui doit prévaloir.

Le Dalaï Lama, Gyatso Tenzin dit
(chef suprême du bouddhisme tibétain ; né en 1935)

163

L'indifférence fait les sages et l'insensibilité les monstres.

Diderot
(écrivain et philosophe français ; 1713-1784)

164

Ce qui embellit le désert, c'est qu'il cache un puits quelque part.

Antoine de Saint-Exupéry
(écrivain et aviateur français ; 1900-1944)

165

Cette roue sur laquelle nous tournons est pareille à une lanterne magique. Le soleil est la lampe, le monde l'écran. Nous sommes les images qui passent.

Omar Khayyâm
(savant et poète persan ; 1050-1123)

166

Pour qui aspire à une vie heureuse, il est très important d'employer à la fois des moyens internes et externes ; en d'autres termes, d'associer développement matériel et développement spirituel.

Le Dalaï Lama, Gyatso Tenzin dit
(chef suprême du bouddhisme tibétain ; né en 1935)

167

L'homme le plus heureux est celui qui fait le bonheur d'un plus grand nombre d'autres.

Diderot
(écrivain et philosophe français : 1713-1784)

168

Ne craignez pas d'être lent, craignez seulement d'être à l'arrêt.

Proverbe chinois

169

La séduction suprême n'est pas d'exprimer ses sentiments, c'est de les faire soupçonner.

Barbey d'Aurevilly
(écrivain français ; 1808-1889)

170

L'homme qui regarde l'horizon ne voit pas la prairie devant lui.

Proverbe chinois

171

On ne doit jamais accorder sa confiance à quelqu'un qui ne sourit jamais.

Henri de Montherlant
(écrivain français : 1895-1972)

172

Il faut se laver les yeux avant chaque regard.

Proverbe arabe

173

Le bonheur vient de l'attention
aux petites choses,
et le malheur de la négligence
des petites choses.

Xiang Xu
(sage chinois ; 223-300 av. J.-C.)

174

Le danger du succès c'est qu'il nous fait oublier l'effroyable injustice du monde.

Jules Renard
(écrivain français ; 1864-1910)

175

La vie n'est pas un problème à résoudre, mais une vérité à expérimenter.

Bouddha, Siddhârta Gautama dit (philosophe fondateur du bouddhisme ; v. 536-v. 480 av. J.-C.)

176

Les soucis enlaidissent,
c'est la joie qui fait fleurir.

Proverbe berbère

177

Il vaut mieux suivre
le bon chemin en boitant
que le mauvais d'un pas ferme.

Saint Augustin
(philosophe et théologien ; 354-430)

178

L'optimiste pense
qu'une nuit est entourée
de deux jours,
le pessimiste pense
qu'un jour est entouré
de deux nuits.

Francis Picabia
(peintre et écrivain français ; 1879-1953)

179

Celui qui ne progresse pas chaque jour recule chaque jour.

Confucius
(philosophe chinois ; 555-479 av. J.-C.)

180

Le bonheur n'est pas le fruit de la paix, le bonheur, c'est la paix même.

Alain
(philosophe et essayiste français : 1868-1951)

181

Évitez de trop penser.
Voyez seulement le présent
et agissez, c'est la clé
d'un comportement vrai
et positif.

Swâmi Prâjnanpad
(maître spirituel indien ; 1891-1974)

182

On s'intéresse à ses membres comme parties de son corps, pourquoi pas aux hommes comme parties de l'humanité ?

Le Dalaï Lama, Gyatso Tenzin dit
(chef suprême du bouddhisme tibétain ;
né en 1935)

183

Il ne dépend que de nous
de suivre la route qui monte
et d'éviter celle qui descend.

Platon
(philosophe grec ; 428-348 av. J.-C.)

184

Mieux vaut transmettre un art à son fils
que lui léguer mille pièces d'or.

Proverbe chinois

185

La curiosité mène à tout : parfois à écouter aux portes, parfois à découvrir l'Amérique.

José Maria Eça de Queiros
(écrivain portugais ; 1845-1900)

186

Rester en colère, c'est comme saisir un charbon ardent avec l'intention de le jeter sur quelqu'un ; c'est vous qui vous brûlez.

Bouddha, Siddhârta Gautama dit (philosophe fondateur du bouddhisme ; v. 536-v. 480 av. J.-C.)

187

Le chameau
ne voit pas sa propre
bosse, il voit la bosse
de son frère.

Proverbe arabe

188

Quand un homme dit : « Je suis heureux », il veut dire bonnement : « J'ai des ennuis qui ne m'atteignent pas ».

Jules Renard
(écrivain français ; 1864-1910)

189

Le profane trouve
son bonheur dans
le clinquant et la nouveauté.
Le sage se réjouit
de l'ordinaire.

Sagesse zen

190

Ce n'est pas l'amour
qu'il fallait peindre aveugle,
c'est l'amour-propre.

Voltaire
(écrivain et philosophe français : 1694-1778)

191

Il n'est pas possible de vivre heureux sans être sage, honnête et juste, ni sage, honnête et juste sans être heureux.

Épicure
(philosophe grec ; 341-270 av. J.-C.)

192

L'homme vraiment libre
est celui qui refuse une invitation
à dîner sans donner d'excuse.

Oscar Wilde
(écrivain et auteur dramatique anglais ; 1854-1900)

193

Fais du bien à ton corps
pour que ton âme ait envie d'y rester.

Proverbe indien

194

À quoi bon soulever
des montagnes quand il est si simple
de passer par-dessus ?

Boris Vian
(écrivain français ; 1920-1959)

195

On apprend peu
par la victoire,
mais beaucoup
par la défaite.

Proverbe japonais

196

Toutes les eaux y confluent
sans la remplir, toutes
les eaux en sortent sans
la vider. Voilà pourquoi
je vais à la mer.

Tchouang-Tseu
(philosophe et maître taoïste ; IVe siècle av. J.-C.)

197

Ce qui vient au monde
pour ne rien troubler ne mérite
ni égards, ni patience.

René Char
(poète français ; 1907-1988)

198

Une période d'échec
est un moment rêvé
pour semer
les graines du succès.

Paramahansa Yogananda
(yogi hindou ; 1893-1952)

199

Choisissez une étoile,
ne la quittez pas des yeux.
Elle vous fera avancer loin,
sans fatigue et sans peine.

Alexandra David-Neel
(écrivaine et exploratrice française ; 1868-1969)

200

La vraie liberté c'est de pouvoir toute chose sur soi.

Montaigne
(écrivain français ; 1533-1592)

201

Savoir endurer un moment de colère, c'est s'épargner un siècle de regrets.

Proverbe chinois

202

La vraie générosité envers l'avenir consiste à tout donner au présent.

Albert Camus
(écrivain français ; 1913-1960)

203

C'est proprement ne valoir rien que de n'être utile à personne.

Descartes
(philosophe français ; 1596-1650)

204

Le mauvais goût, c'est de confondre la mode qui ne vit que de changements avec le beau durable.

Stendhal
(écrivain français ; 1783-1842)

205

Il y a trois sortes d'hommes avec lesquels il est utile de se lier d'amitié : les hommes droits, les hommes sincères et les hommes qui ont beaucoup appris.

Confucius
(philosophe chinois ; 555-479 av. J.-C.)

206

La modestie est au mérite
ce que les ombres
sont aux figures dans
un tableau : elle lui donne
de la force et du relief.

La Bruyère
(moraliste français ; 1645-1696)

207

Quand le sage désigne la lune,
l'idiot regarde le doigt.

Proverbe chinois

208

Quand tout est pur
et clair dans votre esprit,
personne ne peut
vous créer d'obstacles.

Lama Thubten Yeshe
(maître tibétain ; 1935-1984)

209

Le véritable voyage
de découverte ne consiste
pas à chercher de nouveaux
paysages, mais à avoir
de nouveaux yeux.

Marcel Proust
(écrivain français ; 1871-1922)

210

L'herbe est toujours
plus verte chez les autres…
jusqu'à ce qu'on découvre
que c'est du gazon artificiel.

Jacques Salomé
(psychologue français ; né en 1935)

211

Mieux vaut voyager plein d'espoir que d'arriver au but.

Proverbe japonais

212

Au plus fort de l'orage,
il y a toujours un oiseau
pour nous rassurer.
C'est l'oiseau inconnu,
il chante avant de s'envoler.

René Char
(poète français ; 1907-1988)

213

Il n'y a rien de plus facile à dire
ni de plus difficile à faire
que de lâcher prise.

Santoka
(moine et poète japonais ; 1882-1940)

214

Il n'y a pour l'homme qu'un vrai malheur, qui est de se trouver en faute et d'avoir quelque chose à se reprocher.

La Bruyère
(moraliste français ; 1645-1696)

215

Un ami c'est une route,
un ennemi c'est un mur.

Proverbe chinois

216

Les joies du monde sont notre seule nourriture. La dernière petite goutte nous fait encore vivre.

Jean Giono
(écrivain français : 1895-1970)

217

Ne vous affligez pas d'être connu
de personne, mais travaillez
à vous rendre digne d'être connu.

Confucius
(philosophe chinois ; 555-479 av. J.-C.)

218

Si tu ne profites pas du temps que tu as de libre, tu n'en profiterais pas davantage quand ce temps serait dix fois plus considérable.

Alexandra David-Neel
(écrivaine et exploratrice française ; 1868-1969)

219

Quand un arbre tombe,
on l'entend ; quand la forêt pousse,
pas un bruit.

Proverbe africain

220

La tranquillité est la plus grande des révélations.

Lao-Tseu
(philosophe et maître taoïste chinois ; v. 570-v. 490 av. J.-C.)

221

Contempler le fleuve fait
de temps et d'eau, et ne pas oublier
que le temps lui-même est
un autre fleuve.

Jorge Luis Borgès
(écrivain argentin ; 1899-1986)

222

Si la vie n'est qu'un passage, sur ce passage au moins semons des fleurs.

Montaigne
(écrivain français ; 1533-1592)

223

Il n'y a personne qui soit né sous une mauvaise étoile, il n'y a que des gens qui ne savent pas lire le ciel.

Le Dalaï Lama, Gyatso Tenzin dit
(chef suprême du bouddhisme tibétain ; né en 1935)

224

À vouloir vivre avec son temps, on meurt avec son époque.

Stendhal
(écrivain français ; 1783-1842)

225

La vraie sagesse, la vraie supériorité ne se gagne pas en luttant mais en laissant les choses se faire d'elles-mêmes. Les plantes qui résistent au vent se cassent, alors que les plantes souples survivent aux ouragans.

Épicure
(philosophe grec ; 341-270 av. J.-C.)

226

Que chacun examine ses pensées, il les retrouvera toutes occupées au passé et à l'avenir. Nous ne pensons presque point au présent.

Pascal
(mathématicien et philosophe français ; 1623-1662)

227

La rose n'a d'épines
que pour celui qui veut
la cueillir.

Proverbe chinois

228

L'idée du calme
est dans un chat assis.

Jules Renard
(écrivain français ; 1864-1910)

229

Il est bon d'avoir satisfait son désir en tout, mais il est sage et avisé de ne pas ruminer sa satisfaction jusqu'à la nausée, l'indigestion ou l'insensibilité.

Alexandra David-Neel
(écrivaine et exploratrice française ; 1868-1969)

230

Si vous ne voulez
pas que le désordre
règne autour de vous,
n'empiétez pas sur
les droits des autres.

Eihei Dôgen
(maître zen et philosophe japonais :
1200-1253)

231

Quant tout vaut tout,
rien n'a de valeur.

Boris Cyrulnik
(psychiatre et éthologue français ; né en 1937)

232

Il est parfois des moissons qui n'arrivent pas à fleurir ; il en est aussi qui après avoir fleuri n'ont pas de grain.

Confucius
(philosophe chinois : 555-479 av. J.-C.)

233

Un voyage de mille lieues
a commencé par un pas.

Lao-Tseu
(philosophe et maître taoïste chinois :
570-490 av. J.-C.)

234

Celui qui s'imagine avoir seul la sagesse, l'éloquence, la force s'expose au ridicule. L'intelligence permet de se contredire.

Jean Cocteau
(écrivain et poète français ; 1899-1963)

235

Il faut toujours connaître la vérité, et parfois la dire.

Khalil Gibran
(poète et peintre libanais ; 1883-1931)

236

Tu peux à l'heure que tu veux
te retirer en toi-même.
Nulle part, en effet, l'homme
ne trouve de plus tranquille
et de plus calme retraite
que dans son âme.

Marc-Aurèle
(empereur romain surnommé « le philosophe » ;
121-180)

237

Pour savoir si l'eau d'un bol
est chaude ou froide,
il faut y mettre un doigt...
Il ne sert à rien de discuter.

Sagesse zen

238

Il faut de l'esprit
pour bien parler,
de l'intelligence suffit
pour bien écouter.

André Gide
(écrivain français : 1869-1951)

239

L'avenir nous tourmente,
le passé nous retient,
c'est pour ça que le présent
nous échappe.

Gustave Flaubert
(écrivain français ; 1821-1880)

240

L'argent est bien,
mais l'homme est meilleur,
parce qu'il répond
quand on l'appelle.

Proverbe africain

241

Les choses se déforment facilement quand on regarde en arrière.

Hermann Hesse
(écrivain suisse ; 1877-1962)

242

Rien n'existe dans notre intelligence qui n'ait d'abord été dans nos sens.

Démocrite
(philosophe grec : 460-370 av. J.-C.)

243

La pierre précieuse ne peut être polie
sans frottements, et l'homme
ne s'accomplit pas sans subir d'épreuves.

Pensée bouddhiste

244

Ose devenir qui tu es. Ne te tiens pas quitte à bon compte. Il y a d'admirables possibilités en chaque être. Persuade-toi de ta force et de ta jeunesse. Sache te redire sans cesse : « Il ne tient qu'à moi ».

André Gide
(écrivain français ; 1869-1951)

245

On ne trouve pas la solitude, on la fait.

Marguerite Duras
(écrivaine française ; 1914-1996)

246

Je n'ai jamais entendu dire que quelqu'un ait eu des résultats sans étudier ou atteint la réalisation sans pratiquer.

Eihei Dôgen
(maître zen et philosophe japonais ; 1200-1253)

247

Il n'y a pas
de réussites faciles,
ni d'échecs définitifs.

Marcel Proust
(écrivain français : 1871-1922)

248

Savoir que l'on sait
ce que l'on sait
et que l'on ne sait pas
ce que l'on ne sait pas,
voilà le vrai savoir.

Confucius
(philosophe chinois : 555-479 av. J.-C.)

249

Te préoccuper de ton sort après la mort est aussi absurde que de t'interroger sur ce que devient ton poing en ouvrant la main.

Pensée bouddhiste

250

Reculez d'un pas et tout s'élargira spontanément.

Proverbe chinois

251

Ce qui va mal, ce n'est pas le monde, c'est notre manière de le regarder.

Henry Miller
(romancier américain ; 1891-1980)

252

Rien n'a plus de valeur qu'aujourd'hui.

Goethe
(écrivain allemand ; 1749-1832)

253

Un succès considérable peut n'être qu'une coquille vide et une cheville tordue te faire retrouver le chemin perdu. Tu ne sais jamais ce qui relie les choses entre elles.

Christiane Singer
(romancière française : 1943-2006)

254

C'est quand on n'a plus d'espoir qu'il ne faut désespérer de rien.

Sénèque
(écrivain et philosophe romain : 4 av. J.-C.-65)

255

Pour moi il n'y a que d'heureux présages, car quoi qu'il arrive, il dépend de moi d'en tirer du bien.

Épictète
(philosophe grec stoïcien ; 50-130)

256

Quand on aime la vie,
on aime le passé, parce que
c'est le présent tel qu'il a
survécu dans la mémoire
humaine.

Marguerite Yourcenar
(romancière française ; 1903-1987)

257

La clarté ne naît pas
de ce qu'on imagine le clair,
mais de ce qu'on prend
conscience de l'obscur.

Carl Gustav Jung
(psychiatre et psychologue suisse ; 1875-1961)

258

Étudier sans réfléchir
est une occupation vaine ;
réfléchir sans étudier
est dangereux.

Confucius
(philosophe chinois ; 555-479 av. J.-C.)

259

L'amitié est toujours
une douce responsabilité,
jamais une opportunité.

Khalil Gibran
(poète et peintre libanais ; 1883-1931)

260

Il y a deux manières d'ignorer les choses : la première, c'est de les ignorer ; la seconde, c'est de les ignorer et de croire qu'on les sait. La seconde est pire que la première.

Victor Hugo
(écrivain français : 1802-1885)

261

Connaître les autres, c'est sagesse. Se connaître soi-même, c'est sagesse supérieure. Imposer sa volonté aux autres, c'est force. Se l'imposer à soi-même, c'est force supérieure.

Lao-Tseu
(philosophe et maître taoïste chinois ; v. 570-v. 490 av. J.-C.)

262

Il est bon d'avoir appris à ses dépens ce qu'on a besoin de savoir.

Hermann Hesse
(écrivain suisse ; 1877-1962)

263

Les souvenirs oubliés ne sont pas perdus.

Sigmund Freud
(neurologue et psychiatre autrichien :
1856-1939)

264

Le bonheur seul est salutaire pour le corps, mais c'est le chagrin qui développe les forces de l'esprit.

Marcel Proust
(écrivain français : 1871-1922)

265

La meilleure façon
de ne pas avancer est
de suivre une idée fixe.

Jacques Prévert
(poète français ; 1900-1977)

266

Le chemin de la sagesse ou de la liberté est un chemin qui mène au centre de son propre être.

Mircea Eliade
(historien et romancier roumain ; 1907-1986)

267

Le bonheur et la satisfaction humaine doivent en dernier ressort provenir de l'intérieur de soi. C'est une erreur que d'attendre une satisfaction ultime à partir de l'argent ou de la technologie.

Le Dalaï Lama, Gyatso Tenzin dit
(chef suprême du bouddhisme tibétain ; né en 1935)

268

Jusqu'à ce qu'aujourd'hui devienne demain, on ne saura pas les bienfaits du présent.

Proverbe chinois

269

L'homme qui aurait l'impression de ne se tromper jamais se tromperait toujours.

Gaston Bachelard
(philosophe français : 1884-1962)

270

Il faut affronter la réalité avec une pointe d'humour ; autrement on passe à côté.

Lawrence Durrell
(romancier britannique ; 1912-1990)

271

Toutes les choses sont entièrement en nous. Il n'y a pas de plus grand délice que de découvrir cela en se cultivant soi-même.

Mong Tseu
(philosophe chinois : 372-289 av. J.-C.)

272

La volonté trouve,
la liberté choisit. Trouver
et choisir, c'est penser.

Victor Hugo
(écrivain français ; 1802-1885)

273

L'univers le plus inhumain devient humain par la force de l'habitude.

Yasunari Kawabata
(écrivain japonais ; 1899-1972)

274

C'est l'amour de nous-mêmes qui assiste l'amour des autres ; c'est par nos besoins mutuels que nous sommes utiles au genre humain ; c'est l'éternel lien des hommes.

Voltaire
(écrivain et philosophe français ; 1694-1778)

275

La richesse consiste bien plus dans l'usage qu'on en fait que dans la possession.

Aristote
(philosophe grec ; 384-322 av. J.-C.)

276

Le souci
de sa propre image,
voilà l'incorrigible
immaturité de l'homme.

Milan Kundera
(écrivain français ; né en 1929)

277

Ce qui ne tue pas renforce.

Friedrich Nietzsche
(philosophe allemand ; 1844-1900)

278

Ne parlez pas d'une chose que vous ne voudriez pas avoir dite le lendemain.

Proverbe arabe

279

Si un homme n'a pas découvert
ce pour quoi il serait prêt à mourir,
il n'est pas fait pour vivre.

Martin Luther King
(pasteur américain, prix Nobel de la paix ; 1929-1968)

280

Ce qui rend la douleur
de la jalousie si aiguë,
c'est que la vanité
ne peut aider
à la supporter.

Stendhal
(écrivain français : 1783-1842)

281

On gagne toujours à taire
ce que l'on n'est pas obligé de dire.

Proverbe chinois

282

Il y a ce qui nous tourmente plus qu'il n'est nécessaire, ce qui nous tourmente avant qu'il soit nécessaire, ce qui nous tourmente alors que ce n'est absolument pas nécessaire. Notre douleur, nous l'augmentons, nous l'anticipons, nous l'inventons.

Sénèque
(écrivain et philosophe romain ; 4 av. J.-C.-65)

283

Le plus lourd fardeau, c'est d'exister sans vivre.

Victor Hugo
(écrivain français ; 1802-1885)

284

L'homme se découvre lorsqu'il se mesure à un obstacle.

Antoine de Saint-Exupéry
(écrivain et aviateur français ; 1900-1944)

285

Les idées existent par et pour l'homme, mais l'homme existe aussi par et pour les idées. Nous ne pouvons bien nous en servir que si nous savons aussi les servir.

Edgar Morin
(philosophe français ; né en 1921)

286

Nous participons tous
à la création. Nous sommes tous
des rois, poètes, musiciens ;
il n'est que de s'ouvrir comme
un lotus pour découvrir
ce qui est en nous.

Henry Miller
(romancier américain ; 1891-1980)

287

Rencontrer un homme, c'est être tenu en éveil par une énigme.

Emmanuel Levinas
(philosophe français ; 1906-1995)

288

Être, c'est être libre d'avoir, libre du désir d'avoir, de quelque avoir qu'il s'agisse, matériel, mental, émotionnel, intellectuel, et même spirituel.

Arnaud Desjardins
(documentariste et maître spirituel français ; né en 1925)

289

L'homme mérite qu'il se soucie
de lui-même car il porte dans son âme
les germes de son devenir.

Carl Gustav Jung
(psychiatre et psychologue suisse ; 1875-1961)

290

Le savoir est
de beaucoup la portion
la plus considérable
du bonheur.

Sophocle
(poète tragique grec ; 496-406 av. J.-C.)

291

Il faut secouer la vie autrement elle nous ronge.

Stendhal
(écrivain français ; 1783-1842)

292

Pas de plus grand malheur que d'être insatiable. Pas de pire fléau que l'esprit de convoitise. Qui sait se borner aura toujours assez.

Lao-Tseu
(philosophe et maître taoïste chinois ;
v. 570-v. 490 av. J.-C.)

293

Quand on rentre en soi-même, on s'aperçoit qu'on possède exactement ce que l'on désirait.

Simone Weil
(philosophe et écrivaine française ;
1909-1943)

294

C'est ayant tué la colère
qu'on peut dormir en paix.

Bouddha
(fondateur du bouddhisme v. 536-v. 480 av. J.-C.)

295

Le plaisir est le bonheur des fous,
le bonheur est le plaisir des sages.

Barbey d'Aurevilly
(écrivain français ; 1808-1889)

296

Si tu ne trouves pas la vérité à l'endroit où tu es, où espères-tu la trouver ?

Eihei Dôgen
(maître zen et philosophe japonais ; 1200-1253)

297

La conscience ne trompe jamais ; elle est le vrai guide de l'homme : elle est à l'âme ce que l'instinct est au corps.

Jean-Jacques Rousseau
(écrivain et philosophe suisse : 1712-1778)

298

Tu cesseras de craindre
en cessant d'espérer.

Sénèque
(écrivain et philosophe romain ; 4 av. J.-C.-65)

299

La politesse est une monnaie
qui enrichit non point celui
qui la reçoit, mais celui
qui la dépense.

Sagesse persane

300

N'imitez rien ni personne. Un lion qui copie un lion devient un singe.

Victor Hugo
(écrivain français : 1802-1885)

301

Être conscient de la difficulté permet de l'éviter.

Lao-Tseu
(philosophe et maître taoïste chinois ; v. 570-v. 490 av. J.-C.)

302

Le courage est le juste milieu entre la peur et l'audace.

Aristote
(philosophe grec ; 384-322 av. J.-C.)

303

L'humanité qui devrait avoir six mille ans d'expérience retombe en enfance à chaque génération.

Tristan Bernard
(romancier et auteur dramatique français ; 1866-1947)

304

Il faut agir en homme de pensée et penser en homme d'action.

Henri Bergson
(philosophe français ; 1859-1941)

305

J'ai jeté cette toute petite chose qu'on appelle « moi » et je suis devenu le monde immense.

Musô Sôseki
(maître zen ; 1275-1351)

306

Peu importe le chemin :
tous les chemins se valent.
L'important est de suivre
un chemin qui a du cœur.

Carlos Castaneda
(auteur américain ; 1925-1998)

307

La chance s'attrape par les cheveux, mais elle est chauve.

Stendhal
(écrivain français ; 1783-1842)

308

Ce n'est qu'avec
les yeux des autres
qu'on peut bien voir
ses défauts.

Proverbe chinois

309

La vie, c'est comme
une bicyclette,
il faut avancer pour
ne pas perdre l'équilibre.

Albert Einstein
(physicien allemand ; 1879-1955)

310

Le savant n'est pas l'homme qui fournit les vraies réponses, c'est celui qui pose les vraies questions.

Claude Lévi-Strauss
(anthropologue français ; né en 1908)

311

Gémir sur un malheur passé, c'est le plus sûr moyen d'en attirer un autre.

Shakespeare
(poète et dramaturge anglais ; 1564-1616)

312

Si tu veux comprendre le mot bonheur, il faut l'entendre comme récompense et non comme but.

Antoine de Saint-Exupéry
(écrivain et aviateur français ; 1900-1944)

313

La convoitise est une imperfection qui souille l'esprit ; la haine est une imperfection qui souille l'esprit ; l'illusion est une imperfection qui souille l'esprit.

Bouddha, Siddhârta Gautama dit
(philosophe fondateur du bouddhisme ; v. 536-v. 480 av. J.-C.)

314

Quand survient l'épreuve, il est trop tard pour préparer notre âme à l'assumer.

Sénèque
(écrivain et philosophe romain ; 4 av. J.-C.- 65)

315

Vieillir est ennuyeux, mais c'est le seul moyen que l'on ait trouvé de vivre longtemps.

Sainte-Beuve
(écrivain français ; 1804-1869)

316

On ne se débarrasse pas d'une habitude en la flanquant par la fenêtre ; il faut lui faire descendre l'escalier marche par marche.

Mark Twain
(romancier américain ; 1835-1910)

317

S'il est ordinaire d'être vivement touché des choses rares, pourquoi le sommes-nous si peu de la vertu ?

La Bruyère
(moraliste français ; 1645-1696)

318

Vous ne pouvez pas
empêcher les oiseaux
de la tristesse de voler
au-dessus de vos têtes,
mais vous pouvez les
empêcher de faire leurs
nids dans vos cheveux.

Proverbe chinois

319

C'est dans l'effort
que l'on trouve la satisfaction
et non dans la réussite.
Un plein effort est une pleine
victoire.

Gandhi
(homme d'État indien : 1869-1948)

320

C'est une grande misère que de n'avoir pas assez d'esprit pour bien parler, ni assez de jugement pour se taire.

La Bruyère
(moraliste français ; 1645-1696)

321

La connaissance s'acquiert par l'expérience, tout le reste n'est que de l'information.

Albert Einstein
(physicien allemand ; 1879-1955)

322

Le bonheur et le malheur ne viennent que de nous-mêmes.

Mong Tseu
(philosophe chinois : 372-289 av. J.-C.)

323

Il faudrait essayer
d'être heureux,
ne serait-ce que
pour donner l'exemple.

Jacques Prévert
(poète français ; 1900-1977)

324

Chacun, parce qu'il pense,
est seul responsable
de la sagesse ou de la folie
de sa vie, c'est-à-dire
de sa destinée.

Platon
(philosophe grec ; 428-348 av. J.-C.)

325

Aimer autrui ne signifie pas que nous devons nous oublier.

Le Dalaï Lama, Gyatso Tenzin dit
(chef suprême du bouddhisme tibétain ; né en 1935)

326

Tous nous serions
transformés si nous avions
le courage d'être
ce que nous sommes.

Marguerite Yourcenar
(romancière française ; 1903-1987)

327

La vertu est légère comme un poil mais rares sont ceux qui peuvent la soulever.

Confucius
(philosophe chinois ; 555-479 av. J.-C.)

328

Le sage ne rencontre pas de difficultés. Car il vit dans la conscience des difficultés. Et donc n'en souffre pas.

Lao-Tseu
(philosophe et maître taoïste chinois ; v. 570-v. 490 av. J.-C.)

329

Plus profondément le chagrin creusera votre être, plus vous pourrez contenir la joie.

Khalil Gibran
(poète et peintre libanais ; 1883-1931)

330

Personne n'a vécu dans le passé, personne ne vivra dans le futur ; le présent est le mode de toute vie.

Schopenhauer
(philosophe allemand ; 1788-1860)

331

Ne coupe pas les ficelles quand tu pourrais défaire les nœuds.

Proverbe indien

332

Savoir, c'est pouvoir !
C'est l'action qui détermine
si la connaissance
est certaine.
La seule possession
de l'homme, c'est
sa connaissance.

Swâmi Prâjnanpad
(maître spirituel indien ; 1891-1974)

333

La vieillesse ne devient médiocre que lorsque elle prend des airs de jeunesse.

Hermann Hesse
(écrivain suisse ; 1877-1962)

334

Si nous pouvons atteindre
la compréhension
de ce que nous sommes
vraiment, il n'y a pas
de meilleur remède pour
éliminer toute souffrance.
Ceci est le cœur de toutes
les pratiques spirituelles.

Lama Kalou Rinpoché
(maître tibétain : 1904-1989)

335

Si vous n'essayez jamais,
vous ne réussirez jamais,
mais si vous essayez,
vous risquez de vous
étonner vous-même.

Lama Thubten Yeshe
(maître tibétain ; 1935-1984)

336

On ne voit bien
qu'avec le cœur.
L'essentiel est invisible
pour les yeux.

Antoine de Saint-Exupéry
(écrivain français ; 1900-1944)

337

Nous croyons posséder nos pensées
et devoir en faire quelque chose,
notamment si elles sont négatives.
Cela crée forcément de la souffrance.

Ayya Khema
(nonne bouddhiste ; 1923-1997)

338

Le courage n'est rien sans la réflexion.

Euripide
(poète tragique grec ; 480-406 av. J.-C.)

339

Ce dont il faut faire le plus de cas, ce n'est pas de vivre, mais de vivre bien.

Platon
(philosophe grec ; 428-348 av. J.-C.)

340

Il ne s'agit pas d'atteindre la perfection, mais la totalité.

Carl Gustav Jung
(psychiatre et psychologue suisse ;
1875-1961)

341

Imposer sa volonté aux autres, c'est force. Se l'imposer à soi-même, c'est force supérieure.

Lao-Tseu
(philosophe et maître taoïste chinois ; v. 570-v. 490 av. J.-C.)

342

Le moment donné par le hasard
vaut mieux que le moment choisi.

Proverbe chinois

343

Même dans la solitude, ne dis
ni ne fais rien de blâmable.
Apprends à te respecter beaucoup
plus devant ta propre conscience
que devant autrui.

Démocrite
(philosophe grec ; 460-370 av. J.-C.)

344

Ne pas imposer aux autres
ce qu'on est incapable
de faire soi-même. Ne pas
exiger des autres
ce qu'ils sont incapables
de faire eux-mêmes.

Maître Hsing Yun
(moine bouddhiste chinois ; né en 1927)

345

Dans la simplicité absolue,
il n'y a point de désirs. L'absence
de désirs, c'est la paix.

Lao-Tseu
(philosophe et maître taoïste chinois ;
v. 570-v. 490 av. J.-C.)

346

Le malheur peut être un pont vers le bonheur.

Sagesse zen

347

L'homme ordinaire
ne se préoccupe
que de passer le temps,
l'homme de talent
que de l'employer.

Schopenhauer
(philosophe allemand ; 1788-1860)

348

Il faut rire avant
que d'être heureux,
de peur de mourir
sans avoir ri.

La Bruyère
(moraliste français : 1645-1696)

349

L'enfant a toujours l'intuition de son histoire. Si la vérité lui est dite, cette vérité le construit.

Françoise Dolto
(pédiatre et psychanalyste française ; 1908-1988)

350

Un mot d'affection peut réchauffer trois mois d'hiver.

Proverbe japonais

351

Il ne faut pas lier un navire
à une seule ancre, ni une vie
à un seul espoir.

Épictète
(philosophe grec stoïcien ; 50-130)

352

Vous donnez peu lorsque
vous donnez de vos biens.
C'est lorsque vous donnez
de vous-mêmes que
vous donnez vraiment.

Khalil Gibran
(poète et peintre libanais ; 1883-1931)

353

Quand tu auras désappris à espérer, je t'apprendrai à vouloir.

Sénèque
(écrivain et philosophe romain ; 4 av. J.-C.-65)

354

Nous ne devrions pas seulement dépenser toute notre énergie à recueillir des informations, mais nous efforcer d'éprouver leur validité en faisant preuve de clairvoyance dans notre vie quotidienne.

Geshe Rabten
(maître bouddhiste tibétain ; 1920-1986)

355

Notre plus grande gloire
n'est pas de ne jamais tomber
mais de nous relever après
chaque chute...

Confucius
(philosophe chinois ; 555-479 av. J.-C.)

356

Il faut apprendre à rester serein au milieu de l'activité et à être vibrant de vie au repos.

Gandhi
(homme d'État indien ; 1869-1948)

357

La perception
de l'infiniment petit est
le secret de la clairvoyance,
la protection de l'infiniment
fragile et tendre est le secret
de la force.

Lao-Tseu
(philosophe et maître taoïste chinois ;
v. 570-v. 490 av. J.-C.)

358

L'homme a ce choix : laisser entrer la lumière ou garder les volets fermés.

Henry Miller
(romancier américain ; 1891-1980)

359

Le bonheur est un rêve d'enfant réalisé à l'âge adulte.

Sigmund Freud
(neurologue et psychiatre autrichien : 1856-1939)

360

Tout ce qui n'est pas à vous, abandonnez-le. Lorsque vous l'aurez abandonné, cela vous conduira à votre bien-être et à votre bonheur.

Bouddha, Siddhârta Gautama dit (philosophe fondateur du bouddhisme ; v. 536-v. 480 av. J.-C.)

361

Soyez toujours prêt
à être surpris.

Swâmi Prâjnanpad
(maître spirituel indien : 1891-1974)

362

Les relations sont sûrement le miroir dans lequel on se découvre soi-même.

Jiddu Krishnamurti
(écrivain et philosophe indien ; 1895-1986)

363

On ne peut pas, sous prétexte qu'il est impossible de tout faire en un jour, ne rien faire du tout.

Abbé Pierre
(fondateur des Compagnons d'Emmaüs ; 1912-2007)

364

Une fête est un excès permis, voire ordonné.

Gaston Bachelard
(philosophe français ; 1884-1962)

365

Ne te permets jamais
de te sentir triste ou déprimé.
La dépression est une chose nuisible,
parce qu'elle affecte les autres
et leur rend la vie plus difficile, ce que
tu n'as pas le droit de faire. C'est
pourquoi, si jamais cela t'arrive, lutte
immédiatement pour t'en débarrasser.

Jiddu Krishnamurti
(écrivain et philosophe indien : 1895-1986)

Index
des auteurs cités

Notes

L'éditeur remercie particulièrement Soizic Hauchecorne pour son aide précieuse.

Direction : Catherine Saunier-Talec
Responsable éditoriale : Lisa Grall
Suivi d'édition : Florine Marguin, assistée de Soizic Hauchecorne
Directrice artistique : Cecilia Rehbinder
Conception graphique : Carla Dalvy
Réalisation : La cédégraphe
Fabrication : Amélie Latsch

Achevé d'imprimer en Espagne
Dépôt légal : août 2023
79-3622-1
ISBN : 978-2-01-946808-8